Troi Tudalen.

Pecyn Pontio Blynyddoedd 2 a 3

Gweithgareddau Iaith
ac
Addysg Bersonol a Chymdeithasol
yn seiliedig ar wyth llyfr stori-a-llun

Cyflwyniad

Un dull o feithrin llythrennedd yw trwy destunau. Bwriad y pecyn hwn yw cynnig syniadau am weithgareddau llafar, darllen ac ysgrifennu yn seiliedig ar wyth llyfr stori-a-llun a gyhoeddwyd gan Wasg Gomer. Ceir ymgais i geisio adnabod potensial y storïau hyn yn ieithyddol a llenyddol er mwyn cyflwyno agweddau a fydd yn datblygu llythrennedd disgyblion.

Dewiswyd yr wyth stori oherwydd bod un llinyn cyswllt yn rhedeg trwyddynt sef y cyfle i addysgu amrywiol agweddau ar Addysg Bersonol a Chymdeithasol. Mae'r wyth stori yn addas ar gyfer pontio blynyddoedd dau a thri ac yn cynnig cyfleoedd i gyflwyno o'r newydd, ailymweld ac atgyfnerthu agweddau gwahanol ar iaith.

Canolbwyntiwyd ar greu gweithgareddau:

 cyd-ddarllen y testun

 iaith / gramadeg

 llafar

 ysgrifennu

Maent yn weithgareddau sy'n gwau i'w gilydd ac yn plethu gofynion y rhaglenni astudio Llafar, Darllen ac Ysgrifennu.

Y gobaith yw y gall athrawon wneud defnydd hyblyg ohonynt a'u haddasu yn ôl gofynion eu cynlluniau gwaith Cymraeg o fewn eu hysgolion unigol.

Zohrah Evans
Dr Gwyn Lewis
Ann Tegwen Hughes
Gwawr Maelor

Ysgol Addysg, Prifysgol Bangor

Argraffiad cyntaf – 2003

ISBN 1 84323 045 3

Dymuna'r cyhoeddwyr gydnabod caniatâd y deiliaid hawlfraint canlynol i atgynhyrchu lluniau allan o'r cyfrolau isod ac i ymdrin â'u testunau yn y gyfrol hon.

FFRIND NEWYDD GEL, addasiad Elin Meek o *EBB'S NEW FRIEND* gan Jane Simmons a gyhoeddwyd gyntaf ym Mhrydain yn 1998 gan Orchard Books;
Y PETH GORAU YN Y BYD, addasiad Emily Huws o *MY MOST FAVOURITE THING* gan Nicola Moon a Carol Thompson a gyhoeddwyd gyntaf ym Mhrydain yn 2000 gan Orchard Books, cyfadran o The Watts Publishing Group Limited, 96 Leonard Street, Llundain EC2A 4XD.
SWS I SEREN, addasiad Meinir Pierce Jones o *KISS THE COW* gan Phyllis Root. Lluniau © 2000 Will Hillenbrand. Atgynhyrchir gyda chaniatâd Walker Books Ltd., Llundain.
OWAIN A'R ROBOT, addasiad Emily Huws o *HARRY AND THE ROBOTS* gan Ian Whybrow ac Adrian Reynolds a gyhoeddwyd gyntaf ym Mhrydain gan Gullane Children's Books.
PAWB GYDA'I GILYDD, addasiad Elin Meek o *FRIENDS TOGETHER* gan Rob Lewis. Cyhoeddwyd gyntaf gan Bodley Head yn 2000. Defnyddiwyd gyda chaniatâd The Random House Group Ltd., Llundain.

Dymuna'r cyhoeddwyr ddiolch i awduron, arlunwyr ac addaswyr y cyfrolau isod, a gyhoeddwyd gan Wasg Gomer, am eu caniatâd caredig:
BETSAN A'R BWLIS: Jac Jones;
DWY DROED CHWITH: Jenny Sullivan, Graham Howells ac Elin Meek;
SGLOD AR Y MÔR: Ruth Morgan a Suzanne Carpenter.

Symbolau: Chris Glynn.

*Cyhoeddwyd ac argraffwyd yng Nghymru gan
Wasg Gomer, Llandysul, Ceredigion SA44 4QL*

Cynnwys

TROSOLWG O'R SGILIAU IAITH A FEITHRINNIR

FFRIND NEWYDD GEL	Y PETH GORAU YN Y BYD	SWS I SEREN	OWAIN A'R ROBOT	PAWB GYDA'I GILYDD	BETSAN A'R BWLIS	DWY DROED CHWITH	SGLOD AR Y MÔR
Darllen Gyda'n Gilydd: Adnabod a deall termau'r clawr. Deall neges y testun.	Adolygu termau'r clawr: Clawr; addasiad; teitl; broliant. Trafod teimladau'r cymeriadau.	Adolygu termau'r clawr. Dealltwriaeth o'r testun. Sylwi ar amrywiaeth o brint: print bras, maint y ffont, duo, italig.	Adolygu termau'r clawr. Dilyniant y stori. Darllen neges stori.	Trafodaeth gyffredinol ar y clawr. Deall neges stori.	Edrych ar lun y clawr a'r defnydd o ffont am gliwiau i ragfynegi. 'Darllen' lluniau yn y testun.	Cyswllt y clawr â'r dudalen deitl a'r broliant. Deall uchafbwynt mewn stori.	Creu cwestiynau yn seiliedig ar y clawr. Astudio broliant.
Gwaith Iaith: Geiriau unsill, deusill, trisill. Adnabod geiriau bach tu mewn i eiriau mawr.	• Adnabod ansoddeiriau.	• Cyffelybiaethau. • Ansoddeiriau dwbl.	• Priflythrennau. • Brawddeg hir.	• Berfau -*odd*. • Berfenwau.	• Tagiau siarad. • Geiriau yn lle 'meddai'.	• Acen grom. • Ymestyn dechrau brawddeg.	• Deall pwrpas ebychnod.
Gwaith Llafar: Mynegi profiad personol: Teimlo'n unig/teimlo'n genfigennus.	Profiadau: Siarad am eu hoff degan. Chwarae rôl: Ymateb i sefyllfa. Helpu ffrind sy'n drist.	Sôn am hoff aelod o'r teulu mewn grŵp.	Trafod: Bod yn sâl. Helpu hen bobl.	Mynegi profiadau personol – gweithio mewn tîm. Chwarae rôl cymeriadau yn y stori.	Mynegi Profiadau: Teimlo'n drist/crio. Gwaith byrfyfyr – bwlio.	Datrys problemau'r cymeriadau. Cyflwyno dadl: Oes digon o gymorth i'r anabl yn yr ysgol?	Cyfleu'r testun trwy gyfweld cymeriadau. Mynegi barn: Llygredd ar lan y môr.
Gwaith Ysgrifennu: • Casglu gwybodaeth i ffeil ffeithiau. • Dyddiadur Deryn.	• Casglu gwybodaeth syml i ffeil ffeithiau. • Creu paragraff disgrifiadol yn defnyddio ansoddeiriau.	• Creu dadl o blaid neu yn erbyn. • Creu cymariaethau. • Casglu hwiangerddi. • Esbonio/rhoi gwybodaeth.	• Priflythrennau mewn brawddegau. • Ymestyn brawddeg. • Ysgrifennu llythyr at ffrind sy'n sâl. • Nodi camau gwneud robot.	• Ysgrifennu rysáit. • Ymarferion deall berfenwau.	• Brawddeg ymson. • Ymarfer; adnabod tag siarad/casglu tagiau siarad.	• Ymarfer deall acen grom. • Creu hysbyseb syml.	• Ysgrifennu broliant. • Creu cerdd ar lygredd – dilyn sgerbwd. • Adroddiad papur newydd.

TROSOLWG O'R AGWEDDAU AR ADDYSG BERSONOL A CHYMDEITHASOL SY'N CODI O'R LLYFRAU STORI

Addysg Bersonol a Chymdeithasol	FFRIND NEWYDD GEL	Y PETH GORAU YN Y BYD	SWS I SEREN	OWAIN A'R ROBOT	PAWB GYDA'I GILYDD	BETSAN A'R BWLIS	DWY DROED CHWITH	SGLOD AR Y MÔR
Agwedd a Gwerthoedd	Dangos gofal ac ystyriaeth tuag at eraill.	Gwerthfawrogi ffrindiau a theuluoedd.	Dangos gofal ac ystyriaeth tuag at eraill.	Gwerthfawrogi bod yn iach.	Dechrau ysgwyddo cyfrifoldebau am eu gweithredoedd.	Teimlo'n bositif amdanynt eu hunain (concro bwlio).	Bod yn barod i helpu rhai llai ffodus na hwy eu hunain (yr anabl).	Dangos pryder am eu hamgylchedd (llygredd yn y môr/ar y traethau).
Sgiliau	Cydnabod a chyfleu teimlad.	Gwneud a chynnal cyfeillgarwch (chwarae rôl pan fo ffrind yn drist).	Cydnabod a chyfleu teimlad (bod yn styfnig).	Cydnabod a chyfleu teimladau (bod yn sâl).	Cydweithio gydag eraill.	Cydnabod a chyfleu teimladau (bwlio). Dechrau ymwrthod â phwysau diangen gan gyfoedion.	Dechrau mynegi eu barn eu syniadau eu hunain. Dysgu gwneud penderfyniadau am broblemau eraill. Gofyn am help pan fo angen.	Dechrau mynegi barn am eu syniadau eu hunain (pwysigrwydd cadw traethau'n lân).
Gwybodaeth a Dealltwriaeth	*Agwedd Emosiynol:* Dechrau deall teimladau ac emosiynau eu hunain (bod yn unig a chenfigennus).	*Agwedd Gymdeithasol:* Gwybod sut i fod yn ffrind da.	*Agwedd Gymdeithasol:* Deall amrywiaeth y swyddogaethau o fewn teuluoedd a'r cyfraniadau a wneir gan bob aelod.	*Agwedd Gorfforol:* Deall y cymerir moddion i'w gwneud yn well.	*Agwedd Gymunedol:* Deall y gallent ysgwyddo rhywfaint o gyfrifoldeb yn eu grwpiau o ffrindiau.	*Agwedd Emosiynol:* Deall eu teimladau a'u hemosiynau eu hunain wrth gael eu bwlio. *Agwedd Foesol:* Gwybod beth sy'n deg ac yn annheg.	*Agwedd Ysbrydol* Gwybod bod pob person yn wahanol ond deall eu bod yn gyfartal o ran gwerth.	*Agwedd Amgylcheddol:* Deall sut y gallai eu hamgylchedd fod yn well neu'n waeth i fyw ynddo.

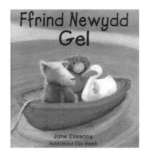

Ffrind Newydd Gel

Awdur: Jane Simmons

Addasiad: Elin Meek

Darllen Gyda'n Gilydd		

Darllen Gyda'n Gilydd

Adnabod a deall y termau a ddefnyddir ar glawr llyfr stori:

Chwilio am y teitl, awdur, enw'r addasydd; enw'r wasg sy'n cyhoeddi'r llyfr.
Holi'r disgyblion:
- Cyfrwch sawl gwaith rydych chi'n gweld y teitl, awdur, enw'r addasydd; enw'r wasg sy'n cyhoeddi'r llyfr.

(Annog y disgyblion i edrych ar y clawr; meingefn; broliant; tudalen agoriadol; manylion yn y print mân.)

- Ymhle yn y llyfr rydym yn cael gwybod pwy yw'r arlunydd ?

Darllen er mwyn deall neges y testun :
Holi'r disgyblion:
Darllen tt.1-5
- Pam bod Gel yn chwyrnu tybed?
- Ydy Gel eisiau i Deryn hedfan i ffwrdd am byth? Pam?
Darllen tt.6-11
- Sut mae Gel yn teimlo wrth fwyta cinio ar ei ben ei hunan?
- Sut mae Gel yn teimlo wrth gysgu yn ei fasged ar ei ben ei hunan?
- Pam fod Gel yn drist a phenisel yn nhŷ Mam-gu?
Darllen gweddill y stori.
- Pa sŵn sy'n codi calon Gel?

Deilliannau dysgu:
- Gwrando ar ddarlleniad stori a dilyn y print.
- Ymateb yn syml i gwestiynau am y testun.

Gwaith Iaith

Pwyntiau dysgu: Gwaith geirfaol.
- **Curo geiriau unsill, deusill, trisill.**

Chwyddo testun y dudalen gyntaf.
Clapio'r sillafau wrth ddarllen ar y cyd.
Cofio seibio ychydig rhwng pob gair.
Pwyntio at air penodol a'r disgyblion yn clapio'r sillafau.
Disgyblion unigol i ddewis gair a'i guro.
Gellir cadarnhau'r dealltwriaeth trwy waith gweledol ar adnabod sillafau mewn geiriau unigol.

Taflen waith *Grisiau Sillafau*
- **Chwilio am air bach mewn gair mawr**

Edrych ar y gair cyntaf yn y stori – 'eisteddai'.
Ysgrifennu'r gair ar y cyd trwy seinio llythrennau unigol ,yna adeiladu'r gair gyda llythrennau magnetig.

Chwilio am eiriau bach dwy a thair llythyren tu mewn i'r gair eistedd e.e.

(ie; te; ti; si; is; ei; ia; at / sedd; tes; tei; set)

- Gêm chwilio am eiriau bach tu mewn i'r gair 'Craw-crawcian' o'r testun. Sylwi ar enwau plant y gellir eu creu o'r gair. Rhoi'r acen grom pan fo angen.

(crac; cric; iâr; car; cri; ni; nai; iawn; criw; cawn; ci; wir; crin; ar; cic; na; inc; rŵan; nawr; awn; cawr; awr; waw; Nia; Cian; Cai; Nic; Ian).

Taflen waith i gadarnhau –
Gêm: Gair mewn Gair – Craw-crawcian

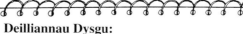

Deilliannau Dysgu:
- Defnyddio'r wybodaeth am iaith a ddaw o'u darllen i bwrpas.
- Gallu adeiladu geiriau.

Llafar 	**Mynegi profiadau:** *Holi'r disgyblion:* Mae gan Gel ei hoff lecyn. Oes gennych chi hoff lecyn lle rydych wrth eich bodd yn mynd yno i chwarae neu i gael llonydd? Yn eich tro siaradwch mewn grŵp o dri. • Ble mae eich hoff lecyn? • Disgrifiwch eich hoff lecyn mewn dwy frawddeg. • Beth rydych yn hoffi ei wneud yno? • Gofynnwch un cwestiwn i'ch ffrind am ei hoff lecyn. • Cofnodi gwaith trafod y grŵp. **(Gweler tasg ysgrifennu: *Hoff Lecyn*)** **Trafod teimladau** Yn ystod y stori mae Gel yn profi teimladau gwahanol – methu rhannu; teimlo'n genfigennus; teimlo'n unig. Chwilio'r testun gyda'r disgyblion am frawddegau tystiolaeth sy'n cyd-fynd â'r teimladau hyn. **Tasg:** *Cyflwyno gweithgaredd i'r disgyblion:* Siaradwch am un tro pan oeddech chi'n teimlo'n genfigennus. Pan ydych chi'n siarad cofiwch ddweud pam bob amser.  **Deilliannau dysgu:** • Mynegi profiad a theimladau. • Gallu siarad am brofiad rhywun arall trwy ddefnyddio pwyntiau ar bapur. • Siarad yn hyderus ac eglur gan ynganu a goslefu'n briodol. • Datblygu iaith lafar trwy ddefnyddio ystod o eirfa i fynegi teimladau cenfigennus a defnydd cywir o derfyniad berfol – roeddwn i.
Ysgrifennu 	**Cyflwyno gwybodaeth: Llenwi ffeil ffeithiau** • Llenwi'r daflen *Hoff Lecyn* i gynorthwyo'r disgyblion i gyflwyno gwybodaeth yn drefnus a chlir ar lafar. *Dyddiadur Llun Deryn:* • Gosod brawddegau dyddiadur llun Deryn mewn dilyniant a'i orffen yn eu geiriau eu hunain. Ymarfer ysgrifennu brawddegau yn y person cyntaf ar gyfer dyddiadur – Rydw i; Mae gen i ; Dyma …  **Deilliannau dysgu:** • Llenwi ffrâm ysgrifennu syml yn cofnodi gwybodaeth ar gyfer arwain y disgybl i gyflwyno gwybodaeth yn drefnus a chydlynus ar lafar. • Darllen a deall brawddegau *Dyddiadur Llun Deryn*. • Deall dilyniant y stori trwy lygaid is-gymeriad. Gorffen ysgrifennu'r dyddiadur yn eu geiriau eu hunain.

Cyswllt Trawsgwricwlaidd:	**Daearyddiaeth : Astudio ffeithiau syml am adar o'r stori.** **Gwyddoniaeth : Arnofio a suddo.**

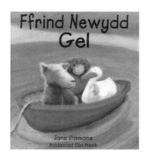

Grisiau Sillafau

Dywedwch y geiriau yn uchel.
Dywedwch y gair a chlapiwch y sillafau.

Eisteddai	clywodd	llecyn
adenydd	sydyn	aderyn	chwarddodd
eistedd	cwmni	rhannu	chwyrnodd
cafodd	noson	honno	diflannu
dechreuodd	canlynol	digwyddodd	

Grisiau Geiriau 2 Sill	Grisiau Geiriau 3 Sill
• Clyw ⌐odd	• eist ⌐edd ⌐ai

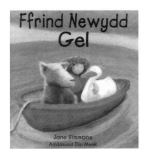

c	r	a	w
c	r	a	w
c	i	a	n

Sut i chwarae'r gêm.

Rhowch dro ar adeiladu gair.

1. Torrwch bob llythyren.
2. Adeiladwch y gair.
3. Rhowch sgôr i chi'ch hunan:
   2 bwynt am air dwy lythyren.
   3 phwynt am air tair llythyren.
   5 pwynt am air pedair llythyren.

Beth am chwarae gyda phartner yn erbyn eich gilydd!

Beth am chwarae yn erbyn y cloc?

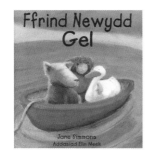
Ffrind Newydd Gel

Jane Simmons
Addasiad Elin Meek

ENW..

Gwaith Cofnodi
Hoff Lecyn

Llofft

Cwt

Den

Atig

Ystafell ...

Pabell

Tu ôl i'r ...

Tŷ coeden

Gwaelod yr ardd

O dan y ...

Gwrandewch ar eich ffrind yn siarad am ei hoff lecyn.

1. Hoff lecyn _____ yw _____.

2. Mae ei hoff lecyn yn lle _____ a

_____.

3. Mae _____ yn hoffi bod yno achos _____

_____.

4. Gofynnais y cwestiwn yma i _____
   am ei hoff lecyn:

_____

_____

Ateb _____ oedd _____

_____

Defnyddiwch bwyntiau 1 i 4 wrth siarad am hoff lecyn eich ffrind o flaen y grŵp neu'r dosbarth. Cofiwch siarad yn glir a phwyllog!

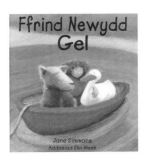

Dyddiadur Llun Deryn

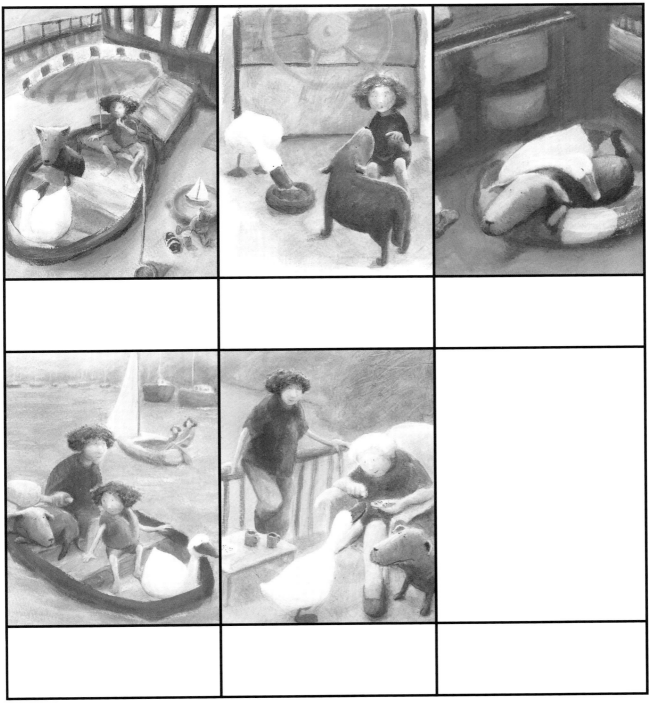

Dechrau brawddeg

Gwelais...   Cysgais...   Cefais...   Es i weld...   Bwytais...   Penderfynais...

Cofiwch orffen y dyddiadur a gwneud llun.

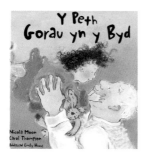

Y Peth Gorau yn y Byd

Awdur: Nicola Moon

Arlunydd: Carol Thompson

Addasiad: Emily Huws

Darllen Gyda'n Gilydd	**Siarad am y clawr**	**Trafod teimladau'r cymeriadau:**

Darllen Gyda'n Gilydd

Siarad am y clawr

Holi'r disgyblion:

Y teitl:

Beth ydy'r peth gorau yn y byd gennych chi?
Tybed beth yw'r peth gorau yn y byd yn y stori hon?

Enwau: Pwy ydy Nicola Moon a Carol Thompson? Pwy ydy Emily Huws?

Y dudalen gyflwyno:

Sylwi bod y dudalen gyflwyno wedi'i chyflwyno i Imogen ac i Basil. Pwy ydyn nhw, tybed? Pe byddech chi wedi ysgrifennu llyfr, i bwy y byddech chi'n ei gyflwyno? Eich ffrind gorau? Eich anifail anwes? Eich tegan meddal? I rywun arbennig o'ch teulu? Pam?
Sylwi ar y prif lythrennau N.M. a C.T. Beth maen nhw'n ei gynrychioli?

Trafod teimladau'r cymeriadau:

Holi'r disgyblion:

- Darllen tt.1-6: Disgrifiwch beth fyddai Cadi a Bwn yn ei wneud gyda'i gilydd? Beth fyddai Taid a Ianto'n yn eu gwneud efo'i gilydd?
- Darllen tt.7-10: Sut oedd Cadi a Taid yn teimlo yn ystafell aros y milfeddyg?
- Darllen tt.8-10: Chwiliwch am frawddeg sy'n dweud sut y teimlai Taid am Ianto.
- Darllen tt.12-15: Sut oedd Cadi'n teimlo ar ôl rhoi benthyg Bwn i Taid? Sut oedd Tedi yn wahanol i Bwn? Sut oedd Ci Blewog yn wahanol i Bwn?
- Darllen tt.16-19 : Sut mae pawb yn teimlo ar ôl derbyn yr alwad ffôn? Sut mae Cadi'n dangos ei bod yn hoffi Ianto a Bwn? Sut mae Taid yn dangos ei fod yn hoffi Cadi?

Deilliannau dysgu:

- Ymarfer defnydd cywir o dermau wrth siarad am glawr llyfr – awdur, addasydd, teitl, cyhoeddwr, tudalen gyflwyno.
- Deall beth sydd ynghudd yn y testun. Gallu trafod teimladau'r cymeriadau.

Gwaith Iaith

Defnyddio ansoddeiriau wrth ddisgrifio:

Chwyddo darn o'r testun neu ysgrifennu ar y bwrdd gwyn:

Byddai Cadi wrth ei bodd yn gwylio Ianto'n ysgwyd ei gynffon bwt a'i lygaid mawr, brown yn edrych i fyw llygaid Taid nes y byddai Taid yn rhoi tamaid blasus iddo.

Edrych yn *Geiriadur Cynradd Gomer* i weld beth yw ystyr ansoddair ac arwain y disgyblion trwy'r esboniad.

Gair sy'n disgrifio, sy'n dweud wrthych pa fath o beth yw rhywbeth neu pa fath o berson yw rhywbeth.

Tasg ar y cyd: *Gêm Ansoddeiriau*

- Chwilio am ansoddeiriau yn y stori.
- Creu dau set o gardiau. Ysgrifennu enghreifftiau o enwau ar un set ac ansoddeiriau ar set arall – gweler y daflen.
- Cymysgu a rhannu'r cardiau rhwng y disgyblion.
- Darllen y stori. Disgyblion i godi pan fo'u henw neu eu hansoddair yn cael ei ddarllen ac yna eu paru gyda'i gilydd a'r disgyblion i gyd-eistedd.
- Ailadrodd hyd at ddiwedd y stori.
- Adolygu trwy ofyn i'r parau ddarllen eu cardiau enw ac ansoddair. Tynnu sylw disgyblion bod ansoddair yn dod ar ôl yr enw.

Taflen : *Gêm Ansoddeiriau*

Llafar 	**Trafod profiadau:** Disgyblion i ddod â'u hoff degan i'r ysgol / neu llun o'u hanifail anwes. *Disgyblion i holi'i gilydd:* • Enw'r hoff degan/anifail anwes? • Disgrifiwch eich hoff degan/anifail anwes? • Beth mae'r tegan yn ei wneud? • Beth mae'r anifail anwes yn hoffi'i wneud? • Sut fyddech chi'n teimlo pe bai'r tegan yn torri? • Sut fyddech chi'n teimlo pe bai'r anifail anwes yn mynd ar goll? • Mae gan bawb rywbeth/rhywun y maen nhw'n ei hoffi'n fawr. Yn eich tro, soniwch beth yw'r peth gorau yn y byd i chi a dywedwch pam. ***Cerdyn trafod***	**Chwarae rôl mewn grŵp o 3:** Gweithiwch gyda'ch gilydd. Mae un o'ch ffrindiau yn drist. Beth fyddech chi'n ei wneud i geisio'i gysuro/codi'i galon? • Pam mae'r ffrind yn drist? • Beth wnewch chi i helpu? • Beth am drefnu i fynd i rywle? • Beth am gynnig rhoi rhywbeth i'r ffrind i godi ei galon/ei chalon? **Deilliannau dysgu:** • Sgwrsio'n estynedig am brofiadau cyfarwydd gyda'u cymheiriaid. • Rhoi rhai manylion wrth ymateb i symbyliad. • Dechrau datblygu syniadau. • Ynganu a goslefu'n briodol.

Ysgrifennu 	*Gellir ystyried y tasgau llafar fel symbyliad i'r tasgau ysgrifennu.* **Casglu gwybodaeth syml: Ffeil ffeithiau am hoff degan/anifail anwes ffrind.** • Casglu gwybodaeth syml am hoff degan meddal/anifail anwes ar ffurf ffeil ffeithiau. Ceisio defnyddio ansoddeiriau. **Casglu gwybodaeth syml: Paragraff disgrifiadol.** • Disgrifio'u hoff degan meddal anifail anwes trwy ddefnyddio'r daflen gynllunio gan geisio defnyddio ansoddeiriau i greu disgrifiad byw a diddorol. **Deilliannau dysgu:** • Ysgrifennu darnau byr mewn ffurf ffeithiol. • Dechrau creu effeithiau â geiriau trwy ddefnyddio ansoddeiriau.

Cyswllt Trawsgwricwlaidd: Dylunio a Thechnoleg – Creu Tegan.

Gêm Ansoddeiriau

Cardiau enwau o'r stori *Y Peth Gorau yn y Byd*

cwningen	cynffon Bwn **cynffon**
clustiau	**pethau**
ystafell	**ci**
llygaid	**sws**

Gêm Ansoddeiriau

Cardiau ansoddeiriau o'r stori *Y Peth Gorau yn y Byd*

racslyd	bwt
llipa	blasus
aros	blewog
brown	fawr

Cerdyn trafod
Hoff degan neu anifail anwes

Mewn grŵp o 3 siaradwch am bob un o'r pwyntiau yma:

- Enwch eich hoff degan/anifail anwes.

- Disgrifiwch eich hoff degan/anifail anwes.

- Beth mae'r tegan yn ei wneud?
  Beth mae'r anifail anwes yn hoffi'i wneud?

- Sut fyddech chi'n teimlo pe bai'r tegan yn torri?

- Sut fyddech chi'n teimlo pe byddai'r anifail anwes yn mynd ar goll?

- Mae gan bawb rywbeth neu rywun y maen nhw'n ei hoffi'n fawr. Yn eich tro, siaradwch am beth yw'r peth neu'r person gorau yn y byd i chi. Cofiwch ddweud pam.

Disgrifio Hoff Degan Meddal neu Hoff Anifail Anwes

Lluniwch ddisgrifiad o'ch hoff degan meddal neu'ch anifail anwes. Cofiwch ddisgrifio sut mae'n edrych, sut mae'n teimlo a sut arogl sydd arno/i. Cofiwch ddefnyddio o leiaf 5 ansoddair wrth ei ddisgrifio.

_____

_____

_____

_____

_____

_____

_____

_____

Dyma lun o _____.

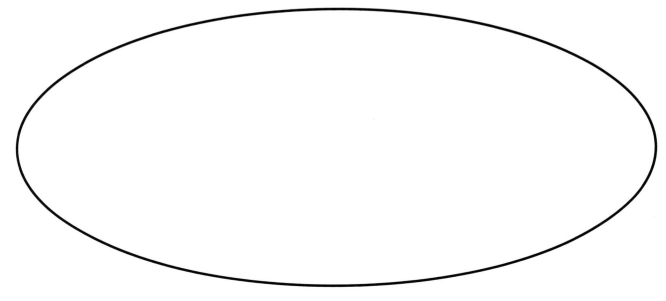

ENW..

Ffeil ffeithiau am degan meddal/ anifail anwes.

Enw:	
Lliw llygaid:	
Wyneb:	
Ceg:	
Bochau:	
Clustiau:	
Talcen:	
Coesau:	
Lliw corff:	
Hoff le i gysgu:	
Rydym yn hoffi chwarae:	

Cofiwch ddefnyddio ansoddeiriau i ddisgrifio!

Sws i Seren

Awdur: Phyllis Root
Arlunydd: Will Hillenbrand
Addasiad: Meinir Pierce Jones

Darllen Gyda'n Gilydd		
	• **Cyflwyno'r teitl, clawr a broliant.** • **Darllen y stori a dangos y lluniau.** Ailddarllen y llyfr ac unigolion yn darllen rhannau Mama Hanna, Cadi Mai a Seren. Pawb arall i gymryd rhan y plant ac ymuno yn y penillion swyn. • **Dealltwriaeth o'r testun:** *Holi'r disgyblion:* • Pam mae Seren yn crio tua diwedd y stori? • Pam nad yw Cadi Mai eisiau rhoi sws i'r fuwch? • Sut mae brodyr a chwiorydd Cadi Mai yn teimlo pan mae hi'n gwrthod rhoi sws i'r fuwch? • Sut mae Mama Hanna'n teimlo? • Sut rydych chi'n meddwl mae Cadi Mai yn teimlo ar ôl iddi roi sws i Seren? • Beth fyddai wedi digwydd pe na bai Seren wedi cael sws gan Cadi Mai?	Sylwi ar amrywiaeth o brint yn y llyfr e.e. Print bras, maint y ffont, duo llythrennau, geiriau mewn italig. Trafod rhesymau: pwysleisio geiriau, rhywun yn gweiddi, codi llais. Ailddarllen rhan o'r stori gan liwio a goslefu'n briodol gan roi sylw i'r amrywiaeth o brint e.e. "Tyrrodd y plant llwglyd o gwmpas Cadi Mai ..." **Deilliannau dysgu:** • Gwrando ar ddarlleniad o'r stori a dilyn print. • Darllen ar goedd gydag ystyr. • Ymateb i gwestiynau am y testun.

Gwaith Iaith		
?!	• **Edrych ar gyffelybiaethau.** Egluro beth yw cyffelybiaeth sef cymharu dau beth gwahanol gyda'i gilydd. Egluro sut rydym yn adnabod cyffelybiaeth fel arfer – defnydd o 'fel'. Edrych a darllen am gyffelybiaethau yn y stori e.e. Tŷ Mama Hanna <u>fel hosan hir.</u> Trwyn y fuwch <u>fel hances sidan</u> gynnes. Llaeth yn llifo <u>fel afon .</u> Plant yn gweiddi 'Hwrê' <u>fel un côr.</u> Disgyblion i feddwl am gyffelybiaethau. ***Taflen i gadarnhau.***	• **Edrych ar ansoddeiriau dwbl.** Adolygu beth yw ansoddair – gair sy'n disgrifio. Canolbwyntio ar yr ail dudalen destun er mwyn tynnu sylw at yr enghreffтiau o ansoddeiriau dwbl: 'llygaid tlws, tywyll' 'cyrn cyrliog, gloyw' Egluro bod dau ansoddair ar ôl ei gilydd yn cael eu galw'n ansoddeiriau dwbl. Tynnu sylw bod atalnod yn gwahanu'r ddau ansoddair. Tasg: Edrych trwy'r testun am ragor o ansoddeiriau dwbl: Trwyn sidan, melfed trwyn melfed, brown trwyn sidan, esmwyth buwch flewog, lafoeriog llygaid brown, clên hances sidan, gynnes

Llafar	**Mynegi profiadau :** *Holi'r disgyblion:* • Sôn am un aelod o'ch teulu, a'r pethau rydych yn eu hoffi am y person hwnnw/o. • Fedrwch chi gofio un achlysur pan oeddech chi'n styfnig ac yn gwrthod yn lân â gwneud rhywbeth? Mewn grŵp o dri dywedwch: • Faint oedd eich oed chi? • Ble roeddech chi? • Pwy oedd yn gofyn i chwi wneud rhywbeth? • Pam roeddech chi'n gwrthod ? • Beth ddigwyddodd yn y diwedd?

Deilliannau dysgu:
- Cyfleu profiadau personol.
- Mynegi teimladau.
- Sgwrsio gyda rhuglder gyda'u cymheiriaid.
- Cynnig sylwadau yn glir a threfnus.

Ysgrifennu	**Paratoi dadl :** Paratoi dadl o blaid neu yn erbyn y gosodiad: "Mae teulu mawr yn well na theulu bach." Cyflwyno'r termau o blaid ac yn erbyn: Chwarae gêm dorfol – disgyblion i sefyll ar eu traed pan fônt o blaid gosodiad ac eistedd pan fônt yn erbyn y gosodiad:

Mae llefrith/llaeth yn dda iawn i chwi.
Mae godro llaw yn hawdd!
Does neb yn llwgu yn y byd!
Mae plant lleiaf mewn teulu yn cael eu ffordd eu hunain.
Mae llefrith powdwr yn well na llefrith /llaeth ffres.

Nodi fod eistedd i lawr neu godi yn ffordd hawdd o ddadlau! Cyflwyno'r angen i roi rhesymau am eu barn. Trafod rhesymau o blaid/yn erbyn bod yn rhan o deulu mawr e.e.

O blaid : Digon o blant i chwarae! Gallu chwarae gêmau tîm. Neb yn sylwi ar rai yn camfihafio! Digon o ffrindiau! Digon o frodyr a chwiorydd i edrych ar eich hôl. Pawb yn rhannu gwaith yn y tŷ …

Yn erbyn: Ffraeo aml. Gorfod rhannu llofft. Gorfod disgwyl eich twrn. Rhywun yn bwyta bwyd o'ch blaen! Cael mwy o ddillad a theganau ar ôl eich chwiorydd neu frodyr …
Llenwi ffrâm ysgrifennu dadl.

Taflen waith i gadarnhau.
Chwilio am wybodaeth :
- Chwilio am wybodaeth o'r testun i ddarganfod sut mae Mama Hanna yn gwneud caws (gweler "A byddai Mama Hanna'n twymo'r bwcedaid arall …")

Chwilio am ragor o wybodaeth am gaws yn gyffredinol er mwyn llenwi taflen.
- Darllen yr hwiangerdd 'There was an old woman who lived in a shoe …'
Trafod y tebygrwydd rhwng y stori a'r hwiangerdd.
Chwilio am hwiangerddi, rhigymau a chaneuon Cymraeg am blant neu fuwch o gyfrolau penodol.
Creu blodeugerdd dosbarth. Pawb i ddefnyddio llawysgrifen daclus a chlir.

Taflen waith i gadarnhau.

Deilliannau dysgu:
- Defnyddio nodweddion dadl.
- Dod o hyd i wybodaeth a chofnodi gwybodaeth .
- Ymddiddori mewn iaith drwy chwilio am rigymau a hwiangerddi.

Cyswllt Trawsgwricwlaidd: Gwyddoniaeth – cadwyn fwyd/gwneud caws.

Cyffelybiaethau

" Mae trwyn y fuwch <u>fel hances sidan , gynnes braf.</u>"

"... dy laeth
sydd yn llifo <u>fel nant.</u>"

"Gwaeddodd y plant 'Hwrê' <u>fel un côr.</u>"

Fedrwch chi feddwl am gyffelybiaethau?

Mae Cadi Mai yn styfnig fel

Caws aur fel

Tŷ blêr fel

Llaeth cynnes fel

Llygaid tywyll fel

Plant swnllyd fel

Deigryn fel

Mae trwyn brown Seren fel

DADLAU! ☑ O blaid ☒ Yn erbyn

Rydw i'n meddwl bod teulu mawr yn well na theulu bach. ☐

Neu

Dydw i ddim yn meddwl bod teulu mawr yn well na theulu bach. ☐

Rhowch 4 rheswm dros eich barn.

1. Un rheswm yw bod

2. Rheswm arall yw bod

3. Y trydydd rheswm yw

4. Y pedwerydd rheswm yw

Ticiwch y frawddeg sy'n dweud sut ydych yn teimlo.

Felly, yn fy marn i, mae teulu mawr yn well na theulu bach. ☐

Neu

Felly, yn fy marn i, nid yw teulu mawr yn well na theulu bach. ☐

A byddai Mama Hanna'n twymo'r bwcedaid arall, ac yna'n ei halltu a'i wasgu i wneud caws. A dyna'r caws mwyaf blasus fu erioed.

Caws

Sut mae gwneud caws?

_____

_____

_____

_____

_____

Rhestrwch enwau cawsiau sydd ar werth yn yr archfarchnad:

_____ _____ _____

_____ _____ _____

_____ _____ _____

Disgrifiwch un math o gaws rydych chi wedi'i flasu. Soniwch am y lliw, y blas, yr arogl ac o ble mae'n dod. Dywedwch oeddech chi'n ei hoffi neu beidio. Cofiwch ddweud pam.

_____

_____

_____

_____

Hwiangerddi ac ati

Dyma ddewis (enw) _____

_____

_____

_____

_____

_____

_____

_____

_____

_____

_____

_____

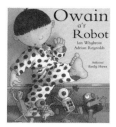

Owain a'r Robot

Awdur: Ian Whybrow
Arlunydd: Adrian Reynolds
Addasiad: Emily Huws

Darllen Gyda'n Gilydd	
	• **Cyflwyno'r teitl a'r clawr:** Holi pwy yw'r awdur a'r addasydd? Trafod gwaith addasydd. Pwy wnaeth y lluniau a phwy yw'r cyhoeddwr? Dyfalu sut stori yw hon a dangos y lluniau. • **Darllen y stori a dangos y lluniau.** • **Cwestiynau am drefn a dilyniant digwyddiadau yn y stori:** • Beth sy'n digwydd i'r robot ar ddechrau'r stori? • Pam na chafodd Owain gyfle i wneud yr ail robot? • Beth oedd yn bod ar Nain? • Sut un oedd y robot newydd? Beth oedd yn arbennig amdano? • Sut gwyddom ni fod Nain yn yn hoffi'r robot? • Beth oedd y pump robot yn gwneud yn yr ysbyty?	• **Darllen ar goedd:** Ailddarllen y llyfr gydag unigolion yn darllen rhannau Nain, Ela, Mam, y robot, y meddyg ac Owain.  **Deilliannau dysgu:** • Adolygu termau wrth drafod y clawr. • Gwrando ar ddarlleniad o'r stori a dilyn y print. • Dangos dealltwriaeth o ddilyniant stori. • Darllen ar goedd yn glir a chywir a chyda mynegiant.

Gwaith Iaith	

Prif lythrennau:
• Tynnu sylw at **brif lythrennau** yn y llyfr gan atgoffa'r disgyblion o'r defnydd o brif lythyren ar ddechrau brawddeg ac ar gyfer enwau priod.
 	
• Tynnu sylw at **amrywiaeth mewn hyd brawddegau**: rhai byr, rhai hir.
 	
    Enghreifftiau o frawddegau byr:
 	
"Cafodd andros o sioc!"
"Clywodd Nain yn pesychu."
"Dysgodd iddo siarad."
Cyflwyno bod brawddegau byr yn creu tensiwn.
	Enghreifftiau o frawddegau hirach er mwyn:
	• ychwanegu mwy o wybodaeth
	• disgrifio
	• rhoi rheswm
	
	Cyflwyno geiriau cysylltiol wrth greu brawddegau hir. Edrych ar enghreifftiau sy'n codi o'r testun:
	
	    am fod, ond, tra, pan, oherwydd.
	
	Taflen waith i gadarnhau – priflythrennau

	Deilliannau dysgu:
	• Ymwybyddiaeth o sut i wella ansawdd eu gwaith ysgrifennu trwy ymestyn brawddegau.
	• Adnabod prif lythrennau a gwybod pryd i'w defnyddio.

Llafar 	*Trafod gyda'r disgyblion:* Yn y stori mae'r pump robot yn saethu peswch Nain a'i gwneud yn well . Rydym yn gwybod nad yw robotiaid yn gallu gwella salwch. Mae'n rhaid cael pethau eraill i wella rhywun sy'n sâl. • Pa bethau gawsoch chi i'ch gwella pan oeddech chi'n sâl? • Er bod sws gan Mam neu dedi newydd yn gwneud i chi deimlo'n well, pa bethau oedd yn eich gwella go iawn? e.e. *meddyg, nyrs, ffisyg, tabledi, eli, plastar, cysgu/ mynd i'r gwely, pigiad, pwythau* a.y.y.b. • Roedd Owain yn fachgen meddylgar a charedig yn helpu Nain. Sut fedrem ni helpu hen bobl?

Deilliannau dysgu:
- Sgwrsio am brofiadau personol gyda rhuglder a chynnig sylwadau yn glir.
- Gallu mynegi barn a chynnig enghreifftiau i gefnogi barn.

Ysgrifennu 	**Ysgrifennu Llythyr at ffrind sy'n sâl.** Trafod sut i osod llythyr personol. Trafod cynnwys y llythyr : • Cyfarch, holi am sut mae'n teimlo. • Codi calon y ffrind. • Dymuno gwellhad buan i'r ffrind. **Ymarfer defnyddio prif lythrennau'n gywir.** **Ymarfer ymestyn brawddegau.** **Cofnodi camau yn y broses o ddylunio a chreu robot.** • Cyflwyno trefnolion wrth gofnodi dilyniant mewn proses e.e. Yn gyntaf, yn ail, yn drydydd …

Taflenni gwaith i gadarnhau dealltwriaeth .

Deilliannau dysgu:
- Dod i ddeall sut i ysgrifennu i wahanol bwrpasau – i gyfarch ffrind; i esbonio proses.
- Adnabod nodweddion llythyr personol.
- Defnyddio iaith yn gywir – priflythrennau, ymestyn brawddeg, trefnolion.

Cyswllt Trawsgwricwlaidd: Dylunio a Thechnoleg. Creu tegan. Gwerthuso.

Mae'r priflythrennau ar goll! Fedrwch chi fy helpu i roi priflythrennau yn y brawddegau?

ENW...

1. roedd owain yn hoffi chwarae gyda'i robot.

_____

2. bu'n rhaid i mam fynd â nain i'r ysbyty.

_____

3. roedd nain druan yn pesychu.

_____

4. aeth nain yn yr ambiwlans i'r ysbyty.

_____

5. cododd ela ac owain eu dwylo ar nain drwy'r ffenestr.

_____

6. dywedodd dr jones mai robot oedd yr union beth i helpu nain.

_____

7. mae ysbyty glangwili yng nghaerfyrddin.

_____

8. ydy ysbyty glan clwyd yn llanelwy?

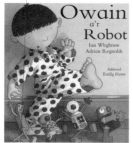

Gwneud brawddegau'n hirach

1. Cafodd Owain sioc pan

2. Roedd Nain yn pesychu tra

3. Roedd yr ysbyty yn fawr ond

4. Sleifiodd Owain i'r ystafell pan

5. Defnyddiodd Owain y siswrn yn ofalus oherwydd

6. Bu Owain yn brysur yn gwneud pump robot er mwyn

7. Dywedodd Nain wrth Owain ei fod yn fachgen da oherwydd

8. Mwynheais y llyfr 'Owain a'r Robot' am ei fod

Llythyr

Mae eich ffrind yn sâl. Ysgrifennwch lythyr ato fo neu ati hi er mwyn codi calon eich ffrind.

Cofiwch ddymuno gwellhad buan a rhoi'ch cyfeiriad eich hun yn y gornel uchaf ar y dde. Llofnodwch y llythyr.

_____

_____

_____

_____

Annwyl

_____

_____

_____

_____

_____

_____

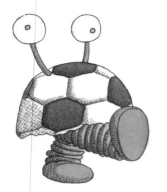

Adeiladu tegan/robot

Ydych chi wedi adeiladu tegan neu robot?
Rhestrwch y pethau a wnaethoch yn y drefn
gywir.

Rydw i wedi adeiladu

1.   Yn gyntaf, mi wnes i

2.

3.

4.

5.

6.   Oeddech chi a'ch ffrindiau yn hoffi'r tegan/robot?

_____

_____

Beth fyddech chi'n ei wneud yn wahanol petaech chi'n
gwneud tegan neu robot tebyg y tro nesaf ?

_____

_____

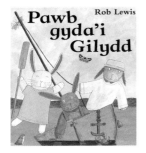

Pawb gyda'i Gilydd

Awdur: Rob Lewis
Addasiad: Helen Emanuel Davies

Darllen Gyda'n Gilydd	**Twymo i thema'r stori:**

Darllen Gyda'n Gilydd

Twymo i thema'r stori:
Edrych ar y clawr a holi'r disgyblion:
- Ydy'r rhain yn ffrindiau gyda'i gilydd tybed?
- Oes gennych chi lawer o ffrindiau?
- Beth rydych chi'n hoffi chwarae gyda'ch gilydd?
- Fydwch chi'n mynd am dro? I ble?
- I ble mae'r criw yma ar glawr y llyfr yn mynd tybed?

Ar ôl darllen y stori , holi cwestiynau sy'n arwain at ddeall neges y stori

- Darllen tt.1-2: pam fod Gwen wedi neidio i fyny ac i lawr yn y cwch?
- Darllen tt.5-6: Beth yw'r syniadau sy'n cael eu cynnig gan bawb?
- Darllen tt.7-14: Sylwi fod pawb yn gwneud pethau gwahanol ar eu pennau eu hunain. Tynnu sylw at y geiriau sy'n disgrifio beth wnaeth pob un (*y berfau: gwelodd;ceisiodd; … nofio; aeth … i chwilio; gwaeddodd; neidiodd; gwnaeth … gynlluniau*).
- Darllen tt.16: Beth oedd syniad Dil? Oedd o'n syniad da? Pam?
- Darllen tt.17-24: Beth sy'n wahanol y tro yma? Ydyn nhw'n gwneud pethau ar eu pennau eu hunain?
- Darllen tt.25-29: Trafod beth oedd yn bwysig ym marn y ffrindiau? Sut cawson nhw eu hachub o'r ynys?

Tasg crynhoi cynnwys y stori i 5 pwynt sef rhoi'r stori ar bum bys
'Stori Pum Bys'
Arwain disgyblion i feddwl am brif ddigwyddiadau'r stori a'u crynhoi i 5 pwynt – un bys yn cynrychioli un pwynt neu ddigwyddiad e.e.

1. Mynd am dro fel criw o ffrindiau ar y cwch.
2. Gwen yn neidio ar y cwch nes troi pawb drosodd a phawb yn nofio at yr ynys.
3. Pawb yn gwneud eu pethau eu hunain a neb yn eu hachub.
4. Gweithio'i gyda'i gilydd i geisio achub eu hunain o'r ynys.
5. Rhieni yn sylwi ar eu hymdrechion ac yn eu hachub.

Defnyddio'r bysedd i fynd trwy bob pwynt.

Taflen waith ysgrifennu – Stori 5 Bys

Deilliannau Dysgu :
- Dod o hyd i ffeithiau er mwyn deall neges y stori.
- Ymateb yn ddeallus i'r testun.
- Gallu dewis prif ddigwyddiadau'r stori.

Gwaith Iaith

Edrych ar ferfau – Geiriau Gwneud
Chwyddo / Ailysgrifennu brawddegau o'r stori:

Gwelodd Siân ddarn mawr o bren i wneud tân.

Ceisiodd Gari nofio i lan y llyn.

Gwaeddodd Dwynwen "Help!"

Esbonio gwaith berfau – dweud wrthych chi **pwy** sy'n gwneud rhywbeth a **phryd** mae'n cael ei wneud. Casglu berfau sy'n gorffen gyda **-odd** yn y stori a'u rhestru.

Deilliannau Dysgu:
- Codi ymwybyddiaeth o iaith.
- Datblygu iaith y disgybl i adnabod berfau a berfenwau.

Edrych ar ferfenwau

Rhestru'r berfau yn y stori sy'n gorffen gyda'r llythrennau -odd. Sylwi o ba air y mae'r berfau hyn yn dod. Llunio dwy golofn wrth restru e.e.

Berfau '-odd'	**Gair**
syrthiodd	syrthio
ceisiodd	ceisio
gwaedddodd	gweiddi

Rydym yn galw'r geiriau hyn yn **ferfenwau.**

Egluro **nad ydy** berfenw yn dweud wrthym pwy sydd yn gwneud y peth, na phryd y mae'n cael ei wneud.

Taflen waith i gadarnhau

31

Gwaith Llafar 	**Mynegi Profiadau:** *Holi'r disgyblion:* • Fyddwch chi'n hoffi gweithio ar eich pen eich hun, ynteu a ydy'n well gennych chi weithio mewn grŵp? Pam? Ydych chi'n gallu gwneud pob dim eich hun, ynteu a oes rhai o'ch ffrindiau chi'n gallu gwneud rhai pethau'n well na chi? Fyddwch chi'n helpu'ch gilydd weithiau i wneud rhai pethau? **Gwaith grŵp o 3:** • Fyddwch chi'n hoffi chwaraeon? • Pa chwaraeon tîm rydych chi'n hoffi fwyaf? • Beth sy'n bwysig er mwyn gwneud tîm da? Meddyliwch am un pwynt bob un. • Ydych chi'n gallu meddwl am rai timau da? Pam eu bod nhw'n dda tybed?	**Chwarae rôl y cymeriadau : Grŵp o 3.** Penderfynwch rôl pawb yn y grŵp : • un o'r ffrindiau sydd yn y stori • y tad • y fam **Gwaith:** Actiwch yr hyn a ddigwyddodd wedi i chi fynd adref yn ddiogel o'r ynys. Am beth fyddech chi'n sgwrsio? Dyma rai syniadau i chi: • Bydd Mam a Dad eisiau gwybod sut y bu i'r cwch droi? • Sut wnaeth y ffrindiau gyrraedd yr ynys? • Beth wnaeth pawb ar ôl cyrraedd? • Sut oedd pawb yn teimlo ar yr ynys? • Pwy gafodd y syniad a lwyddodd i dynnu sylw'r rhieni? • Sut oedd y rhieni'n teimlo ar ôl sylweddoli fod y ffrindiau ar goll? Beth wnaethon nhw wedyn? Sut ddaethon nhw o hyd i'r ynys? • Sut oedd pawb yn teimlo wrth weld y rhieni'n cyrraedd? Perfformio o flaen y dosbarth/ camera fideo.

Deilliannau dysgu:
• Siarad yn rhwydd gyda'u cymheiriaid am eu profiadau personol.
• Mynegi barn yn syml.
• Cyfleu cynnwys y stori drwy gymeriadu'n briodol o flaen cynulleidfa.
• Ynganu a goslefu'n ddealladwy.
• Defnyddio geiriau a phatrymau cyfarwydd wrth siarad.

Gwaith Ysgrifennu 	**Ysgrifennu Rysáit**
	Egluro a chyflwyno:
	• Yn y stori mae Gari a'i ffrindiau yn mynd ati i wneud cawl dant y llew! Mae'n rhaid dilyn rysáit ar gyfer gwneud bwyd. Mae pob rysáit yn dweud yn union wrthych chi:
	- beth sy'n rhaid ei gynnwys
	  – sut mae mynd ati i'w baratoi.
	
	Cynnig model:
	Ar ddiwrnod poeth yn yr haf , fyddech chi'n hoffi yfed Ysgytlaeth Banana? Dyma sut mae mynd ati i'w baratoi ?
		Cynhwysion
		  1 banana
		  300ml/ hanner peint o lefrith/ llaeth
		  4 llond llwy fwrdd o hufen iâ fanila
		
		Dull
		  <u>Stwnsio'r</u> banana mewn powlen.
		  <u>Rhoi'r</u> llefrith/llaeth a'r hufen iâ yn y bowlen.
		  <u>Cymysgu</u> popeth yn dda.
		  <u>Chwipio'r</u> gymysgedd nes ei fod yn ewyn gwyn.
		  <u>Tywallt</u> y gymysgedd i gwpanau.
		
		Tynnu sylw'r disgyblion at y berfenwau.
		
		Taflen waith: *Ysgrifennu Rysáit*

Deilliannau Dysgu:
• Ysgrifennu cofnodol – **Rysáit**
• Defnyddio berfenwau o fewn cyd-destun yn eu hysgrifennnu eu hunain.

Cyswllt Trawsgwricwlaidd: Dawns – gweithio gyda'i gilydd i greu symudiad

Stori Pum Bys!

ENW...

Ysgrifennwch am y digwyddiadau pwysicaf o ddechrau hyd at ddiwedd y stori. Cofiwch, dim ond pum digwyddiad! Un digwyddiad i bob bys! Rhowch y digwyddiadau yn eu trefn gywir. Yna dywedwch y stori'n uchel gan ddefnyddio stori'r pum bys i'ch helpu!

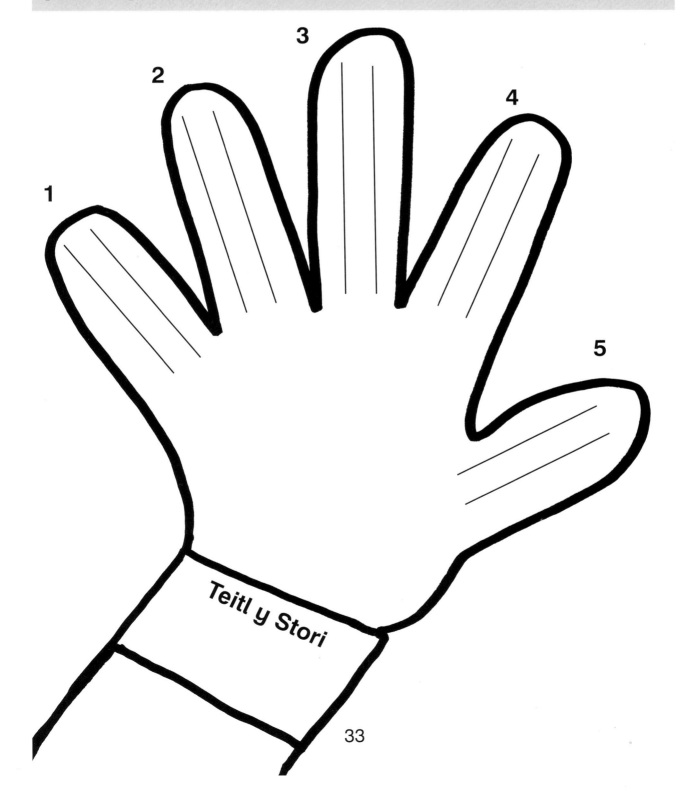

Teitl y Stori

Berfenwau

ENW..

Mae berfenw yn dweud wrthym beth mae rhywun neu rywbeth yn ei **wneud**

e.e   Mae *rhedwr* yn **rhedeg**
      Mae *awyren* yn **hedfan**

Fedrwch chi orffen y brawddegau hyn?

1.   Mae neidiwr yn _____.

2.   Mae nofiwr yn _____.

3.   Mae canwr yn _____.

4.   Mae dawnsiwr yn _____.

5.   Mae adeiladwr yn _____.

6.   Mae cogydd yn _____.

7.   Mae garddwr yn _____.

8.   Mae darllenwr yn _____.

Tybed beth y mae'r rhain yn ei wneud? Fedrwch chi ddyfalu?

1.   Mae cath yn _____.

2.   Mae aderyn yn _____.

3.   Mae pysgodyn yn _____.

4.   Mae athrawes yn _____.

5.   Mae ci yn _____.

Cerdyn Chwarae Rôl
Stori *Pawb gyda'i Gilydd*, Rob Lewis

Penderfynwch rôl pawb yn y grŵp:
- un o'r ffrindiau sydd yn y stori.
- y tad.
- y fam.

Gwaith :
Actiwch yr hyn a ddigwyddodd wedi ichi fynd adref yn ddiogel o'r ynys. Am beth fyddech chi'n sgwrsio? Dyma rai syniadau i chi:

- Bydd Mam a Dad eisiau gwybod sut y bu i'r cwch droi?
- Sut wnaeth y ffrindiau gyrraedd yr ynys?
- Beth wnaeth pawb ar ôl cyrraedd?
- Sut oedd pawb yn teimlo ar yr ynys?
- Pwy gafodd y syniad a lwyddodd i dynnu sylw'r rhieni?
- Sut oedd y rhieni'n teimlo ar ôl sylweddoli fod y ffrindiau ar goll? Beth wnaethon nhw wedyn? Sut ddaethon nhw o hyd i'r ynys?
- Sut oedd pawb yn teimlo wrth weld y rhieni'n cyrraedd?

Actiwch y stori fwy nag unwaith! Efallai mai eich grŵp chi fydd yn cael actio o flaen y dosbarth a'r camera fideo!

Ysgrifennu Rysáit

ENW...

Meddyliwch am rywbeth blasus i'w fwyta a sydyn i'w goginio
(gwneud brechdan; gwneud tost; gwneud jeli; gwneud diod)!

- Cofiwch nodi'r cynhwysion!
- Cofiwch ddisgrifio'r dull!
- Cofiwch ddefnyddio berfenwau!

Estyn	Rhoi	Cymysgu	Stwnsio	Chwipio	Troi
Toddi	Cynhesu	Poethi	Berwi		
Ychwanegu	Cyfri	Torri	Taenu		

Cynhwysion:

Dull:

Llun :

Betsan a'r bwlis
Jac Jones

Darllen Gyda'n Gilydd

Siarad am y clawr:
Cyd-ddarllen y teitl, awdur, logo.
Holi'r disgyblion:
Pam fod y ferch yn pipian tybed?
Pam fod y ferch yn gafael mewn pyped llaw?
Sawl llythyren fawr sydd ar y clawr?
Pam fod maint llythrennau Betsan yn fach a llythrennau bwlis yn fawr tybed?
Fasech chi'n rhoi prif lythyren i 'bwlis' yn y teitl?

Darllen er mwyn deall y testun:
- Darllen tt.1-6 yn dorfol. Beth yw esgusion Betsan dros beidio â mynd allan i chwarae?
- Darllen tt.12-19. Pam bod Betsan yn ofnus, trist a chas?
- Darllen tt.12-19. Pwy yw ffrindiau newydd Betsan?
- Darllen i ddiwedd y stori. Pam nad oes yna neb yn ateb cwestiwn Betsan pan mae hi'n holi 'Pa liw hufen iâ fasech chi'n hoffi?'

'Darllen' lluniau: (Gwaith llafar)
Holi'r disgyblion:
- Astudiwch luniau aelodau'r teulu yn ofalus. Disgrifiwch y fam y tad a'r brawd gan sôn am eu pryd a'u gwedd a dyfalu sut berson ydyn nhw.
- Astudiwch lun o ystafell wely Betsan. Ydy Betsan yn dweud y gwir ei bod eisiau twtio'i hystafell wely?
- Astudiwch luniau Betsan ar dudalen 10. Sut mae'r lluniau yn dangos fod Betsan yn drist ac yn gas tybed?
- Astudiwch luniau'r bwlis ar dudalen 13. Ydyn nhw'n wahanol i luniau eraill yn y llyfr? Pam tybed?
- Astudiwch y llun olaf un yn y stori.
- Beth mae Betsan yn ei wneud?
- Ydy hi wedi benthyg ei phêl i rywun?
- Ydy hi'n hapus a bodlon?
- Pam fod y bêl mewn lliw a'r llun yn ddu a gwyn tybed?

Deilliannau dysgu:
- Gwrando ar ddarlleniad stori a dilyn y print.
- Ymateb yn syml i gwestiynau am y testun.
- Dod i gydio yn y cliwiau sydd yn y llun.

Gwaith Iaith (Llafar/ Ysgrifennu)

Cyflwyno tagiau siarad
Pwyntiau Dysgu:
- Mewn stori mae'n rhaid i ni ddeall pwy sy'n siarad. Mae awdur bob amser yn ein helpu trwy roi cliw i ni – meddai … /dywedodd … / atebodd … /gofynnodd.
- Rydym yn galw un o'r rhain yn 'dag siarad' achos mae'r tag siarad yn dweud wrthym pwy sydd newydd ddweud rhywbeth.
- Mae tag siarad yn cael ei osod yn syth ar ôl cau'r dyfynodau siarad.
- Mae awdur da yn gallu defnyddio tagiau siarad gwahanol.

Darllen tt.11-13. Arwain y disgyblion trwy'r pwyntiau dysgu uchod.

Cadarnhau dealltwriaeth trwy daflen waith.

Deilliannau Dysgu:
- Gwella ansawdd eu hysgrifennu eu hunain trwy amrywio eu tagiau siarad ac osgoi ailadrodd 'meddai'.
- Defnyddio'r wybodaeth am iaith a ddaw o'u darllen i bwrpas.

| Llafar | **Mynegi profiadau:** Disgyblion i fynegi profiadau mewn grŵp o 3. Ydych chi'n crio weithiau fel Betsan? Oes gennych chi lympiau trwm yn eich bol? Yn eich tro siaradwch am y tro diwethaf i chi grio. Pam oeddech chi'n crio? Pryd? Yn lle? Cofiwch ddweud beth ddigwyddodd a sut oeddech chi'n teimlo. Efallai y byddech chi'n sôn eich bod wedi crio oherwydd:
 • Eich bod chi wedi mynd ar goll.
 • Eich bod chi wedi colli rhywbeth gwerthfawr.
 • Eich bod chi wedi cael damwain fach.
 • Eich bod chi wedi ffraeo gyda ffrind neu brawd /chwaer.
 • Eich bod chi wedi torri rhywbeth.
 • Eich bod chi wedi gweld ffilm drist.
 • Eich bod chi wedi darllen stori drist.
 • Eich bod chi wedi clywed newyddion trist. | **Chwarae rôl byrfyfyr:** *Rhoi cyfarwyddiadau i'r disgyblion:* Mae tri yn y grŵp . Rhaid dod i benderfyniad:
 • Pwy yw'r bwli?
 • Pwy sy'n cael ei fwlio?
 • Pwy sy'n mynd yn groes i'r bwli?
 Yna, penderfynwch:
 • Beth sy'n digwydd ac yn lle.
 • Beth mae'r bwli yn ei ddweud ac yn ei wneud.
 • Beth mae'r person sy'n cael ei fwlio yn ei wneud ac yn ei ddweud.
 • Beth mae'r person arall yn ei wneud ac yn ei ddweud er mwyn stopio'r bwli.
 • Gorffen gyda pawb yn ffrindiau. Yna, actiwch a pherfformiwch!

 Taflen: Chwarae rôl – Bwli

  **Deilliannau dysgu:**
 • Mynegi profiad a theimladau
 • Dweud stori fyrfyfyr.
 • Siarad yn hyderus ac eglur gan ynganu a goslefu'n briodol. |

| Ysgrifennu | **Creu brawddegau ymson.** *Egluro beth yw brawddeg ymson – cyflwyno'r pwyntiau dysgu i'r disgyblion:*
 • Meddwl rhywun yn siarad ydy ymson. Siarad gyda chi'ch hunan.
 • Mae brawddeg ymson yn y person cyntaf e.e. Rydw i … Mi … Dydw i ddim … Mae'n rhaid imi … Ga i …
 • Mae brawddeg ymson yn dweud sut mae rhywun yn teimlo.
 • Modelu trwy gyd-greu brawddeg ymson yn seiliedig ar lun y clawr.

 Cadarnhau trwy daflen waith: Ymsonau Betsan.

 Gellir ymestyn y daflen waith i fapio ymsonau Betsan o ddechrau i ddiwedd y llyfr a'u gosod ar furlun mewn trefn gronolegol.

  **Deilliannau dysgu:**
 • Ysgrifennu brawddegau byrion ar ffurf yr ymson.
 • Cyflwyno cynnwys yr hyn a ddarllenir trwy gymeriadu'n briodol. |

| **Cyswllt Trawsgwricwlaidd:** | **Celf:** Astudio lluniau arlunwyr Blwyddyn 3 Ysgol y Graig, Llangefni, ar dudalen agoriadol *Betsan a'r bwlis*. Sut lun o'r bwli sydd gan y disgyblion yn llygaid eu meddyliau? Creu tudalen agoriadol newydd o gasgliad y dosbarth.
 Dewis un llun bwli a'i ail greu trwy arbrofi gyda deunyddiau amrywiol. |

ENW...

Tagiau Siarad *Betsan a'r bwlis*

Chwiliwch am y tagiau siarad yma yn y stori:

meddai	cwynodd	awgrymodd	atebodd
chwyrnodd	snwffiodd	sgyrnygodd	bloeddiodd
sgrechiodd	gwaeddodd	holodd	chwarddodd

Defnyddiwch y tagiau siarad yn y tabl i lenwi'r bylchau yma:

"Betsan, dos allan i chwarae. Ti dan draed!"

_____ Mam.

"Sshwsh," _____ Betsan.

"Dos â'r traed mawr 'na allan am dro, twpsan!"

_____ ei brawd.

"Bwlis!"_____.

"Bwlis!"_____.

"Bwlis!"_____.

"Pwy ydach chi?" _____ yn ofnus.

"Bwli ydw i," _____ un yn uchel.

"Waw! Edrychwch ar y lliwiau!" _____ Betsan.

39

ENW..

Tagiau Siarad *Betsan a'r bwlis*

meddai	cwynodd	awgrymodd	atebodd
chwyrnodd	snwffiodd	sgyrnygodd	bloeddiodd
sgrechiodd	gwaeddodd	holodd	chwarddodd

Tagiau Siarad o lyfr _____

Ymsonau Betsan

Cyfatebwch y frawddeg ymson gywir gyda'r llun cywir!

A! Aw! Rydw i bron â chrio!
Beth wna i heb Haden Chwaden?

Mae'n gas gen i'r bachgen mwdlyd sydd wedi dwyn fy mhêl fownsi.

Rydw i bron â marw eisiau mynd allan i chwarae ond mae gen i ofn!

ENW..

Ymsonau Betsan

**Beth sydd yn mynd trwy feddwl Betsan yn y lluniau yma?
Beth am i chi greu brawddeg ymson i bob llun!**

_____

_____

_____

_____

_____

_____

_____

_____

_____

Cerdyn Chwarae Rôl: Bwlio
Grŵp o 3

PENDERFYNWCH:

- Pwy yw'r bwli?
- Pwy sy'n cael ei frifo?
- Pwy sy'n mynd i atal y bwli?

PENDERFYNWCH:

- Beth sy'n digwydd ac yn lle?
- Beth mae'r bwli yn ei ddweud ac yn ei wneud?
- Beth mae'r plentyn sy'n cael ei fwlio yn ei ddweud ac yn ei wneud?
- Sut mae'r person yn stopio'r bwli?

Rhaid gorffen gyda phawb yn ffrindiau.

Ar ôl penderfynu popeth, actiwch eich stori.

Cofiwch ymarfer er mwyn perfformio o flaen y dosbarth!

Dwy Droed Chwith

Awdur: Jenny Sullivan

Arlunydd: Graham Howells

Addasiad: Elin Meek

Darllen gyda'n Gilydd 	**Siarad am gyswllt y clawr â'r broliant a'r dudalen deitl.**	**Darllen i geisio deall beth yw uchafbwynt y stori.**

Darllen gyda'n Gilydd

Siarad am gyswllt y clawr â'r broliant a'r dudalen deitl.

Holi'r disgyblion:

- Edrychwch ar y clawr. Dyfalwch dri pheth am y bachgen yn y llun. Gall y teitl eich helpu hefyd!
- Fedrwch chi ddysgu mwy am y bachgen o'r broliant?
- Trowch yn awr at y dudalen deitl. Mae tudalen deitl yn ein harwain o'r clawr i mewn i'r stori.
    - Pam bod llun dau aderyn yn hedfan ar y dudalen deitl tybed?
    - Ydym ni yn yr un lle â'r llun ar y clawr tybed? Dyfalwch y lle.
- Trowch i'r dudalen agoriadol.
    - Darllenwch i bwy y cyflwynir y llyfr. Ydy hyn yn rhoi cliw i ni am y stori?
    - Ble mae'r bachgen yn awr? Sut stori fydd y stori yma tybed?

Darllen i geisio deall beth yw uchafbwynt y stori.

Pwyntiau dysgu:

- Gall uchafbwynt fod yn ddarn mwyaf cynhyrfus y stori.
- Gall uchafbwynt roi sioc neu ddychryn neu greu hwyl fawr i ni yn y stori.
- Mae uchafbwynt stori yn gwneud i ni ysu i gael gwybod beth sy'n digwydd wedyn.
- Gall uchafbwynt newid y stori neu newid y cymeriad.

Astudio ac ail ddarllen tudalennau ar ôl i Mr Dafis weiddi:

"Peidiwch â dringo ar y waliau 'na!" hyd at Bryn yn gweiddi. "Hei ! Dw i lan fan hyn!"

Dewis pa dudalen yw'r uchafbwynt a pham.

Deilliannau dysgu:

- Defnyddio termau priodol wrth drafod confensiynau llyfr – clawr, tudalen deitl; tudalen agoriadol, broliant.
- Dechrau dod i adnabod uchafbwynt stori.

Gwaith Iaith

?!

Cyflwyno/adolygu'r acen grom.

Astudio'r gân ar ddiwedd y stori.

"Aeth-Bryn-ac-Owain-i-ben-y-tŵr!
Dŵ-da, dŵ-da
Aeth-y-ddau-i-ben-y-tŵr!
Dŵ-da, dŵ-da, dê!"

Tynnu sylw at yr acen grom ac fel mae'r acen yn gwneud i ni ddal ar y llythyren yn enwedig wrth ei chanu. Llafarganu trwy dynnu'r acen grom er mwyn sylwi ar y gwahaniaeth.

Chwilio am eiriau yn cynnwys acen grom yn y stori.

Cadarnhau trwy gasglu'r geiriau ar y daflen.

Deilliannau dysgu:

- Defnyddio'r wybodaeth am iaith a ddaw o'u darllen i bwrpas.
- Datblygu dealltwriaeth disgyblion o'r acen grom a sut i ymestyn brawddeg twy ychwanegu geiriau o flaen y prif gymal.

Sut i ymestyn brawddeg?

Dewis un frawddeg yn y testun e.e.

'Daeth i ben y tŵr.'

Cydadeiladu brawddegau newydd ar y bwrdd gwyn / siart trwy ychwanegu geiriau o flaen y frawddeg uchod e.e.

ond   yna   o'r diwedd   felly

cyn bo hir

Ond, yna, daeth i ben y tŵr.
O'r diwedd, daeth i ben y tŵr.
Cyn bo hir, daeth i ben y tŵr.
Felly, o'r diwedd, daeth i ben y tŵr …

Edrych ar sut y gwnaeth yr awdur ymestyn y frawddeg.

Cyflwyno'r angen i roi collnod ar ôl y geiriau ychwanegol.

Llafar 	**Datrys problemau.** Rhoi canllawiau i'r disgyblion: • Gweithiwch mewn grŵp o dri. Trafodwch beth yw problemau Bryn a beth yw problemau Owain. Defnyddiwch y cardiau problemau i'ch helpu. • Gyda'ch gilydd allwch chi feddwl am ateb i geisio gwella'r problemau? Ysgrifennwch eich ateb i bob problem ar y cardiau ateb. • Cymysgwch y cardiau problem ac ateb fel bod grŵp arall yn eu defnyddio fel gêm snap i baru'r ateb gyda'r broblem gywir. Gwaith pellach: • Oes gennych chi broblem debyg i Owain neu Bryn? Beth yw eich problem chi? Ysgrifennwch eich problem ar gerdyn heb roi eich enw arno! Efallai y bydd eich ffrind yn gallu dweud yn well beth yw eich problem a sut i'w datrys! Helpwch eich gilydd i ateb eich problemau!	**Mynegi barn:** A yw'n hysgol ni yn rhoi digon o gymorth i blant neu athrawon anabl? • Arwain disgyblion i feddwl am y cyfleusterau, adeiladau, offer cymorth, cymorth gan athrawon /plant. • Arwain disgyblion i feddwl sut y gellir gwella'r cymorth yn yr ysgol. **Deilliannau dysgu:** • Mynegi barn a rhoi rhesymau yn drefnus. • Siarad yn hyderus ac eglur gan ynganu a goslefu'n briodol.

Ysgrifennu 	**Casglu gwybodaeth : Creu hysbyseb syml** • Defnyddio gwybodaeth o'r lluniau a'r stori i greu hysbyseb syml i ddenu ymwelwyr i gastell Raglan. Chwilio am ragor o wybodaeth am y castell trwy edrych ar safwe www.castlewales.com/rag • Cyflwyno taflen gynllunio hysbyseb er mwyn arwain y disgyblion i adnabod nodweddion hysbyseb syml. • Cysylltu agweddau ar iaith gyda ffurf hysbyseb e.e. Cewch … Dewch … Bydd a chreu brawddegau denu/perswadio ar y cyd. **Deilliannau dysgu:** • Adnabod nodweddion hysbyseb o ran cynnwys ac iaith. • Casglu gwybodaeth o'r stori a'r lluniau ar gyfer yr hysbyseb. • Ymarfer sgiliau symud drwy safwe.

Cyswllt Trawsgwricwlaidd:

Hanes : Creu tudalen wybodaeth yn defnyddio lluniau o gastell Raglan a gadwyd ar ffeil barod gan yr athro/awes o safwe www.castlewales.com/rag

TGCh: Defnydd o'r rhyngrwyd – symud o gwmpas safwe www.castlewales.com/rag

Acen Grom – To bach

Mae'r acen grom fel ambarél neu do bach mewn geiriau.
Mae'r acen grom uwchben llafariaid mewn geiriau.
Mae'n gwneud sŵn y llafariaid yn hir.

Llafariaid: **a e i o u w y**

Mewn parau darllenwch y geiriau yma'n uchel i glywed y gwahaniaeth. Yna, gwnewch boster o eiriau acen grom yn y stori *Dwy Droed Chwith*. Rhowch deitl i'r poster!

dol	ôl
man	mân
glan	glân
ffon	ffôn
pwy	ŵy

Datrys problemau!

Problem Owain
"Rydw i'n genfigennus weithiau."

Problem Owain
"Mae'n gas gen i ofyn am help."

Problem Owain
"Rydw i'n ofni uchder."

Problem Bryn
"Rwy'n mynd yn grac yn syth wrth fethu gwneud pethau achos fy nghoesau cam."

Problem Bryn
"Dydw i ddim yn gallu gwneud popeth fel fy ffrindiau."

Problem Bryn
"Mae'n anodd gofyn am help weithiau."

Cerdyn Ateb:

_____

_____

_____

Cerdyn Ateb:

_____

_____

_____

Cerdyn Ateb:

_____

_____

_____

Cerdyn Ateb:

_____

_____

_____

Cerdyn Ateb:

_____

_____

_____

Cerdyn Ateb:

_____

_____

_____

ENW..

Cynllunio Hysbyseb

Teitl i ddenu

[   ]

Ble mae'r castell?

[   ]

Beth sydd i'w weld yn y castell?

[   ]

Beth sydd i'w wneud yn y castell?

[   ]

Beth yw'r amser agor a'r pris?

[   ]

Brawddeg olaf i berswadio pobl i ddod i'r castell.

[   ]

Brawddegau denu da!　　Diwrnod i'w gofio!　　Diwrnod bendigedig!
　　Gwerth ei weld!　　Prynhawn llawn hwyl!　　Castell gwerth chweil!

Sglod ar y Môr
Awdur: Ruth Morgan
Arlunydd: Suzanne Carpenter

| Darllen Gyda'n Gilydd | **Cwestiynu'r clawr:** Disgyblion i feddwl am frawddegau cwestiwn yn seiliedig ar lun y clawr. Atgoffa'r disgyblion o frawddegau cwestiwn – Beth …? Sut …? Pam …? Pa …? Oes …? Ydy …? e.e.

Pwy sydd yn y cwch?
Beth maent yn ei wneud?
Pam bod un yn cysgu?
Oes rhywbeth yn mynd i ddigwydd?
Sut fydd y dolffin yn rhan o'r stori?
Beth fydd yn digwydd tybed?

Ceisio ateb neu ddyfalu'r atebion.

Deilliannau dysgu:
• Defnyddio cyd-destun llun y clawr i ragfynegi'r stori.
Adnabod rhai nodweddion mewn broliant. | **Astudio broliant y llyfr.** Cyd-ddarllen y broliant. *Holi'r disgyblion:*
• Ydyn ni wedi cael ateb i rai o'n cwestiynau wrth i ni gwestiynu'r clawr? Pa rai?
• Fedrwch chi ddarllen rhwng llinellau yn y broliant:
• Sut mae Sglod yn achub bywyd y dolffin?
• Sut mae'r stori'n gorffen tybed?
• Ydy'r broliant yma yn dweud gormod am y stori tybed? Pam?
• Trafod nodweddion broliant da e.e.
Awgrymu ac nid dweud y stori i gyd.
Codi cwestiynau i godi chwilfrydedd.

• Weithiau ceir llawer o gwestiynau mewn broliant. Fedrwn ni ddefnyddio rhai o'r cwestiynau a wnaethom wrth drafod y clawr i greu broliant newydd?

(Gweler tasg ysgrifennu) |
| Gwaith Iaith **?!** | **Edrych ar ebychnod:** Nodi pwrpas ebychnod. Defnyddir ebychnod ar ddiwedd brawddeg er mwyn dangos:

• fod rhywun yn gweiddi neu'n wyllt.

• fod rhywun wedi cael syndod neu sioc.

• fod rhywun yn dweud rhywbeth doniol.

• fod rhywun yn rhoi gorchymyn beth i'w wneud.

• fod rhywun yn dweud rhywbeth annisgwyl. | Edrych ar enghreifftiau o'r testun a darganfod sut fath o ebychnod ydyw.

"Mae e wedi anghofio. Mae e wedi mynd hebddo i!"

"Hwrê!" gwaeddodd Sglod. Doedd e erioed wedi bod allan ar y môr o'r blaen.

"Paid â chwympo i'r dŵr, Sglod. Cofia mai ci wyt ti, nid dyfrgi!" gwichiodd Blod wrth i'r Cranc Cysglyd bwffian heibio.

"Paid â'm dihuno os nad oes argyfwng!"

"Dolffiniaid!" gwaeddodd.

Cofio defnyddio ebychnod yn gywir yn eu hysgrifennu eu hunain neu wrth wneud y dasg ysgrifennu: **Adroddiad Papur Newydd.**

Deilliannau dysgu:
• Deall pwrpas ebychnod.
• Adnabod ebychnod mewn testun. |

Llafar	**Chwarae Rôl:**	**Dweud eich dweud:**
	Cyflwyno sefyllfa i'r disgyblion:	*Gosod y canllawiau i'r disgyblion:*
	Mae Sglod a Capten Caradog yn cael cyfweliad gan ohebydd 'Angor Abertwt' ar ôl iddo glywed yr hanes.	Cyflwyno dadl o blaid "Mae'n bwysig cadw'r traeth yn lân!"
	• Mewn grŵp o 3 lluniwch, gyda'ch gilydd, 2 gwestiwn i'w gofyn i Sglod a 2 gwestiwn i Capten Caradog.	• Casglu 3 rheswm pam y dylid cadw'r traeth yn lân. • Meddwl am un profiad personol i gefnogi dadl e.e. • Rydw i wedi clywed bod … • Gwelais … • Fe ddywedodd _____ wrthyf bod ... • Dewis ymadroddion da o blaid y teitl o'r bocs awgrymiadau ar y daflen.
	• Yna, rhowch waith i bawb yn y grŵp: Un yn ohebydd Angor Abertwt ac yn gofyn y cwestiynau. Cofiwch gyflwyno'ch hun a dweud lle rydych chi. Un i fod yn esgidiau Sglod ac yn ateb ei gwestiynau. Un i fod yn esgidiau Capten Caradog ac yn ateb ei gwestiynau.	*Taflen Dweud eich Dweud*
	• Defnyddiwch y meic a recordiwch eich cyfweliad.	
	Cerdyn Cyfweliad	**Deilliannau dysgu:** • Gallu gofyn cwestiynau. • Gwrando ac ymateb i gwestiynau. • Chwarae rôl cymeriadau mewn stori. • Mynegi barn gyda chymorth taflen o flaen cynulleidfa.

Ysgrifennu	**Ysgrifennu broliant:**	*Ydy, mae'r môr yn swp sâl* *Ym Mae _____.*
	• Defnyddio'r pwyntiau yn Darllen gyda'n gilydd fel cyflwyniad i'r gwaith ysgrifennu. • Creu broliant ar ffurf cwestiynau i *Sglod ar y Môr.*	*Neu* *Glywch chi'r dŵr yn dwrdio* *A'r tonnau'n crio gan …*
	Taflen: Broliant	*Glywch chi'r dŵr yn dwrdio* *A'r tonnau'n crio* *Yng Nghefnfor _____?*
	Gwaith creadigol: Cerdd restr Ysgrifennu ar y cyd mewn grŵp o 3. • Rhoi 'cychwyn' cerdd ar lygredd i'r grwpiau fel sbardun. • Disgyblion i restru pethau sy'n llygru'r traeth/ môr. Dewis o'r rhestr er mwyn eu cynnwys yng nghorff y gerdd. • Ail adrodd dechrau'r gerdd fel diweddglo. • Dewis teitl i'r gerdd ac enwi'r beirdd. • Perfformio'r gerdd fel grŵp. • Creu'r gerdd ar boster a chwilio am luniau sbwriel/llygredd i'w rhoi o gwmpas y gerdd.	**Ysgrifennu Adroddiad Papur Newydd** Ysgrifennu Adroddiad Papur Newydd fel petai'r stori wedi digwydd ddoe. • Edrych ar y stori i chwilio am ferfau yn cyfleu amser yn y gorffennol a'u defnyddio yn eu hadroddiad :
		Aeth, dywedodd, digwyddodd, achubodd, gwelodd, daeth, nofiodd, roedd …
	e.e. *o gychwyn a diwedd y cerddi:*	• Defnyddio ebychnod yn gywir yn eu hadroddiad. • Cofio creu teitl i ddenu sylw. Sylwi ar gyflythrennu yn nheitl adroddiad papur newydd y stori – *Twtio Mawr ar Draeth Abertwt.* Defnyddio enwau'r cymeriadau i greu teitl sy'n cyflythrennu ac yn awgrymu'r digwydd. • Cofio dewis y digwyddiadau pwysicaf. • Creu llun a chapsiwn.

	Mae poen ym mol y môr –
	Poen sbwriel o bob math
	    Yn _____;
	    _____;
	    _____;
	    _____ a _____;
	    _____;
	    _____;
	    Oes, mae poen ym mol y môr
	    Yn Nhraeth _____.
		Taflen Adroddiad Papur Newydd
		Neu defnyddio rhaglen Publisher

	Neu	**Deilliannau dysgu:** • Ysgrifennu darnau cofnodol amrywiol. • Chwarae ag iaith drwy wneud cerddi. • Rhoi sylw i'w gwaith ysgrifennu – Ffurf gorffennol y ferf; defnyddio ebychnod.

	Mae'r môr yn sâl
	    Yn sâl o sbwriel
	    Sbwriel …	

Cyswllt trawsgwricwlaidd: Daearyddiaeth: Llygredd

Broliant *Sglod ar y Môr*

O'r diwedd mae Sglod y ci yn cael mynd i forio gyda Capten Caradog ar ei gwch, Y Cranc Cysglyd. Yn ystod diwrnod cyffrous ar y môr mae Sglod yn achub bywyd dolffin bach ac yn dysgu gwers bwysig iawn am beryglon llygredd.

A'r diwrnod wedyn mae holl bobl Abertwt yn gweithio'n galed i wneud y traeth a'r môr yn ddiogel i bawb. Ysgrifennwch froliant newydd i 'Sglod ar y Môr'.

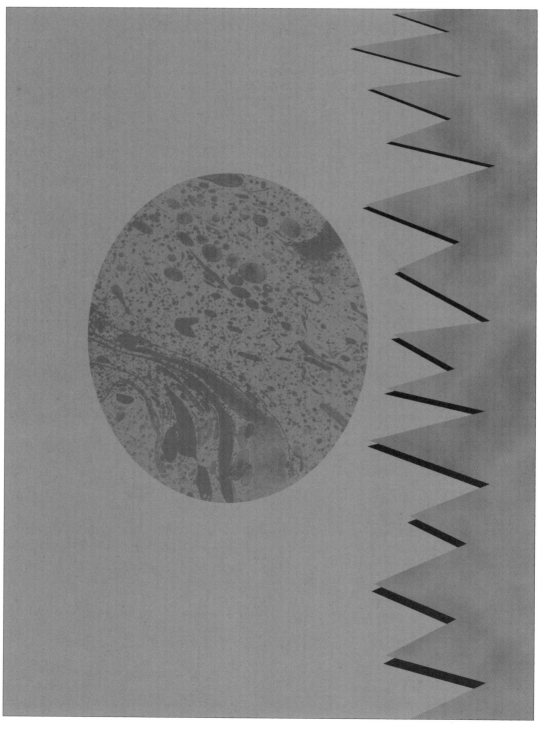

ENW...

Cerdyn Cyfweliad Teledu neu Radio

Cwestiynau i _____

1. _____

2. _____

Cwestiynau i _____

1. _____

2. _____

Y Cyfweliad:

Gohebydd

Croeso i _____. Yma hefo mi heddiw

mae _____ a _____. Ddoe bu

_____.

Ga i ofyn y cwestiwn cyntaf i

_____

(*Yr ateb i'r cwestiwn cyntaf*)

Hefyd _____

(*Yr ateb i'r ail gwestiwn*)

Gyda mi hefyd mae _____

(*Gofyn y cwestiynau i'r ail sy'n cael cyfweliad*)

Diolch yn fawr iawn i chi'ch dau am roi rhagor o
wybodaeth i ni am_____. Yn ôl â ni
i'r stiwdio.

ENW...

Dweud eich Dweud!

Dyma deitl Dweud eich Dweud heddiw:

"_____"

Rwyf yn cytuno'n llwyr gyda'r teitl a dyma fy mhwyntiau pam:

Yn gyntaf

_____

_____

Hefyd

_____

_____

Yn ogystal â hyn

_____

_____

Clywais/Gwelais/Dywedodd

_____

_____

Felly *(Dewiswch ymadrodd dadlau o blaid o'r bocs)*

_____

Ymadroddion da o blaid y teitl:

... rwy'n cytuno gant y cant gyda'r teitl.

... does gen i ddim dwywaith bod y teitl yn wir.

... yn bendifaddau mae'r teitl yn gywir.

... mae'r teitl yn llygad ei le!

... heb os nac oni bai, rwy'n cytuno gyda'r teitl.

Cerdd

Beirdd: _____

_____

_____

ANGOR ABERTWT